The Complete

Liebeslieder and Zigeunerlieder

For Four Solo Voices
and Piano Accompaniment

Johannes Brahms

DOVER PUBLICATIONS, INC.
Mineola, New York

Copyright

Published in Canada by General Publishing Company, Ltd., 30 Lesmill Road, Don Mills, Toronto, Ontario.
Published in the United Kingdom by Constable and Company, Ltd., 3 The Lanchesters, 162–164 Fulham Palace Road, London W6 9ER.

Bibliographical Note

This Dover edition, first published in 1997, is an unabridged reprint of *Liebeslieder / Walzer für Pianoforte zu 4 Händen und Gesang: Sopran, Alt, Tenor, Baß, ad libitum / Op. 52*; *Neue Liebeslieder / Walzer für vier Singstimmen . . . und Pianoforte zu vier Händen / Op. 65*; and *Zigeunerlieder für vier Singstimmen mit Pianoforte / Op. 103*, from Band 20: "Mehrstimmige Gesänge mit Klavier oder Orgel" in *Johannes Brahms / Sämtliche Werke / Ausgabe der Gesellschaft der Musikfreunde in Wien*, originally published by Breitkopf & Härtel, Leipzig, n.d. (Editor's Commentary dated 1926). The publication was edited by Eusebius Mandyczewski.

The Dover edition adds: an expanded table of contents; a note on tempo words; an alphabetical list of first lines; and new English translations of the song texts, prepared specially for this edition by Stanley Appelbaum.

International Standard Book Number: 0-486-29410-2

Manufactured in the United States of America
Dover Publications, Inc., 31 East 2nd Street, Mineola, N.Y. 11501

Contents

Scored for SATB unless otherwise indicated in square brackets

Alphabetical List of First Lines

German Tempo Words in the Scores

Im Ländler-Tempo, "In the tempo of the *ländler*"

A forerunner of the waltz, the *ländler* was originally a robust rustic dance in triple time and in a medium-slow, rather deliberate tempo. Its movement lightened and quickened somewhat as it reflected the later fashion of the eighteenth-century ballroom.
[Applies to 14 of the 18 pieces in the first *Liebeslieder* set.]

lebhaft, lively, vivacious
lebhaft, doch nicht schnell, lively but not quick

mit Ausdruck, with expression

ruhig, calm, peaceful

Texts and Translations

English prose translations of the texts are by Stanley Appelbaum.

Liebeslieder

Love Songs (Op. 52)

The texts, all from Georg Friedrich Daumer's *Polydora*,
are adapted from Russian, Polish and Hungarian folk songs.

1.

Rede, Mädchen, allzu liebes,
das mir in die Brust, die kühle,
hat geschleudert mit dem Blicke
diese wilden Glutgefühle!

Willst du nicht dein Herz erweichen,
willst du, eine Überfromme,
rasten ohne traute Wonne,
oder willst du, daß ich komme?

Rasten ohne traute Wonne,
nicht so bitter will ich büßen.
Komme nur, du schwarzes Auge.
Komme, wenn die Sterne grüßen.

2.

Am Gesteine rauscht die Flut,
heftig angetrieben:
wer da nicht zu seufzen weiß,
lernt es unterm Lieben.

3.

O die Frauen, o die Frauen,
wie sie Wonne tauen!
Wäre lang ein Mönch geworden,
wären nicht die Frauen!

4.

Wie des Abends schöne Röte
möcht' ich arme Dirne glühn,
Einem, Einem zu gefallen,
sonder Ende Wonne sprühn.

5.

Die grüne Hopfenranke,
sie schlängelt auf der Erde hin.
Die junge, schöne Dirne,
so traurig ist ihr Sinn!

Du höre, grüne Ranke!
Was hebst du dich nicht himmelwärts?
Du höre, schöne Dirne!
Was ist so schwer dein Herz?

Wie höbe sich die Ranke,
der keine Stütze Kraft verleiht?
Wie wäre die Dirne fröhlich,
wenn ihr das Liebste weit?

1.

Speak, girl whom I love all too well,
you who with your glance have hurled
these wild feelings of ardor
into my once-indifferent heart!

Won't you soften your heart?
Do you wish to remain overly pious
without a sweet bliss of your own,
or do you want me to come to you?

To remain without a sweet bliss of my own—
I don't want such a bitter penance.
So come, dark-eyed boy,
come when the stars greet you.

2.

The stream dashes against the stones,
violently propelled:
anyone who doesn't learn to sigh at that
will learn it when they fall in love.

3.

Oh, women, women,
how they distill rapture!
I'd have become a monk long ago
except for women!

4.

Like the beautiful red glow of evening
I, a poor lass, would like to shine,
to please one lad, one lad,
to radiate bliss unendingly.

5.

The green hopvine,
it trails along the ground.
The young, pretty girl,
how sad are her thoughts!

Listen, green vine!
Why don't you raise yourself skyward?
Listen, pretty girl!
Why is your heart so heavy?

How can the vine raise itself
when no prop lends it strength?
How can the girl be happy
when the boy she loves best is far away?

6.

Ein kleiner, hübscher Vogel nahm den Flug
zum Garten hin, da gab es Obst genug.
Wenn ich ein hübscher, kleiner Vogel wär,
ich säumte nicht, ich täte so wie der.

Leimruten-Arglist lauert an dem Ort;
der arme Vogel konnte nicht mehr fort.
Wenn ich ein hübscher, kleiner Vogel wär
Ich säumte doch, ich täte nicht wie der.

Der Vogel kam in eine schöne Hand,
da tat es ihm, dem Glücklichen, nicht and.
Wenn ich ein hübscher, kleiner Vogel wär,
ich säumte nicht, ich täte doch wie der.

6.

A little pretty bird took flight
to the garden, where there was fruit in plenty.
If I were a pretty little bird,
I wouldn't hesitate, I'd do the same thing he did.

Treacherous birdlime-smeared twigs were lying in ambush there;
the poor bird could no longer get away.
If I were a pretty little bird,
I would have hesitated, I wouldn't do what he did.

The bird fell into a beautiful girl's hand;
there the lucky fellow had nothing to complain of.
If I were a pretty little bird,
I wouldn't hesitate, I *would* do just what he did.

7.

Wohl schön bewandt
war es vorehe
mit meinem Leben,
mit meiner Liebe;
durch eine Wand,
ja, durch zehn Wände
erkannte mich
des Freundes Sehe;
doch jetzo, wehe,
wenn ich dem Kalten
auch noch so dicht
vorm Auge stehe,
es merkt's sein Auge,
sein Herze nicht.

7.

Previously
my life
was a quite pleasant one,
and so was my love;
through a wall,
yes, through ten walls
my sweetheart's eyes
recognized me;
but now, alas,
no matter how close
I stand to the eyes
of that cold boy,
neither his eyes
nor his heart will take notice.

8.

Wenn so lind dein Auge mir
und so lieblich schauet
jede letze Trübe flieht,
welche mich umgrauet.

Dieser Liebe schöne Glut,
laß sie nicht verstieben!
Nimmer wird, wie ich, so treu
dich ein Andrer lieben.

8.

When your eyes look at me
so mildly and so lovingly,
every last shadow
that had darkened my life vanishes.

The beautiful flame of this love,
don't let it go out in sparks!
No one else will ever love you
as faithfully as I do.

9.

Am Donaustrande, da steht ein Haus,
da schaut ein rosiges Mädchen aus.
Das Mädchen, es ist wohl gut gehegt,
zehn eiserne Riegel sind vor die Türe gelegt.
Zehn eiserne Riegel das ist ein Spaß;
die spreng ich, als wären sie nur von Glas.

9.

On the banks of the Danube there stands a house,
a pink-complexioned girl looks out from it.
The girl is well protected,
ten iron bolts are placed before the door.
Ten iron bolts are just a joke;
I'll snap them as if they were only made of glass.

10.

O wie sanft die Quelle sich
durch die Wiese windet;
O wie schön, wenn Liebe sich
zu der Liebe findet!

10.

Oh, how gently the stream
winds its way through the meadow!
Oh, how beautiful it is when a lover
finds his way to his beloved!

11.

Nein, es ist nicht auszukommen
mit den Leuten;
Alles wissen sie so giftig
auszudeuten.

Bin ich heiter, hegen soll ich
lose Triebe;
bin ich still, so heißts, ich wäre
irr aus Liebe.

11.

No, there's just no dealing
with people;
they manage to put such an evil
interpretation on everything.

If I'm jolly, they say I harbor
wayward lusts;
if I'm calm, the story is I'm
out of my mind with love.

12.

Schlosser auf, und mache Schlösser,
Schlösser ohne Zahl!
denn die bösen Mäuler will ich
schließen allzumal.

12.

Locksmith, come, and make locks,
locks without number!
For I want to lock up
all the spiteful mouths.

13.
Vögelein durchrauscht die Luft,
sucht nach einem Aste;
und das Herz, ein Herz begehrts,
wo es selig raste.

14.
Sieh, wie ist die Welle klar,
blickt der Mond hernieder!
Die du meine Liebe bist,
liebe du mich wieder!

15.
Nachtigall, sie singt so schön,
wenn die Sterne funkeln.
Liebe mich, geliebtes Herz,
küsse mich im Dunkeln!

16.
Ein dunkeler Schacht ist Liebe,
ein gar zu gefährlicher Bronnen;
da fiel ich hinein, ich Armer,
kann weder hören noch sehn,
nur denken an meine Wonnen,
nur stöhnen in meinen Wehn.

17.
Nicht wandle, mein Licht, dort außen
im Flurbereich!
Die Füße würden dir, die zarten,
zu naß, zu weich.

All überströmt sind dort die Wege,
die Stege dir;
so überreichlich tränte dorten
das Auge mir.

18.
Es bebet das Gesträuche;
gestreift hat es im Fluge
ein Vögelein.
In gleicher Art erbebet
die Seele mir, erschüttert
von Liebe, Lust und Leide,
gedenkt sie dein.

13.
The little bird flutters through the air,
it looks for a branch;
and my heart desires a heart
on which it can rest blissfully.

14.
See how clear the waters are
when the moon shines down!
You who are my love,
love me in return!

15.
The nightingale sings so beautifully
when the stars twinkle.
Love me, my beloved sweetheart,
kiss me in the dark!

16.
Love is a dark shaft,
a highly dangerous well;
and I, poor fool, fell in;
I can't hear or see,
I can only think about my bliss,
I can only moan in my sorrow.

17.
Light of my life, don't walk out there
in the meadows!
Your tender feet would get
too wet, too soaked.

The paths there are all flooded,
and so are the trails,
because my eyes wept
so copiously there.

18.
The bushes are quivering;
a little bird
brushed them as it flew by.
In the same way my soul
trembles, overcome
by love, pleasure and pain,
whenever it thinks of you.

Neue Liebeslieder

New Love Songs (Op. 65)

Texts 1–14, from Georg Friedrich Daumer's *Polydora*, are adapted from folk songs of various countries; text 15 is by Johann Wolfgang von Goethe (1749–1832).

1.
Verzicht, o Herz, auf Rettung,
dich wagend in der Liebe Meer!
Denn tausend Nachen schwimmen
zertrümmert am Gestad umher!

2.
Finstere Schatten der Nacht,
Wogen- und Wirbelgefahr!
Sind wohl, die da gelind
rasten auf sicherem Lande,
euch zu begreifen imstande?
Das ist der nur allein,
welcher auf wilder See
stürmischer Öde treibt,
Meilen entfernt vom Strande.

1.
My heart, renounce hopes of being saved
as you venture onto the sea of love!
For a thousand boats float
around its shores in ruins!

2.
Dark shades of night,
danger from waves and whirlpools!
Are those who rest there gently
on terra firma
capable of understanding you?
Only that man can
who drifts on the stormy wastes
of the wild sea,
miles from shore.

3.
An jeder Hand die Finger
hatt ich bedeckt mit Ringen,
die mir geschenkt mein Bruder
in seinem Liebessinn;
und einen nach dem andern
gab ich dem schönen, aber
unwürdigen Jüngling hin.

4.
Ihr schwarzen Augen.
ihr dürft nur winken—
Paläste fallen
und Städte sinken.

Wie sollte stehen
in solchem Strauß
Mein Herz, von Karten
das schwache Haus?

5.
Wahre, wahre deinen Sohn,
Nachbarin, vor Wehe,
weil ich ihn mit schwarzem Aug
zu bezaubern gehe.

O wie brennt das Auge mir,
das zu zünden fodert!
Flammet ihm die Seele nicht,
deine Hütte lodert.

6.
Rosen steckt mir an die Mutter,
weil ich gar so trübe bin.
Sie hat Recht, die Rose sinket,
so wie ich, entblättert hin.

7.
Vom Gebirge Well auf Well
kommen Regengüsse,
und ich gäbe dir so gern
hunderttausend Küsse.

8.
Weiche Gräser im Revier,
schöne, stille Plätzchen!
O, wie linde ruht es hier
sich mit einem Schätzchen!

9.
Nagen am Herzen
fühl ich ein Gift mir;
kann sich ein Mädchen,
ohne zu frönen
zärtlichem Hang,
fassen ein ganzes
wonneberaubtes
Leben entlang?

10.
Ich kose süß mit der und der
Und werde still und kranke,
denn ewig, ewig kehrt zu dir,
o Nonna, mein Gedanke!

11.
Alles, alles in den Wind
sagst du mir, du Schmeichler!
Allesamt verloren sind
deine Mühn, du Heuchler!

Einem andern Fang zulieb
stelle deine Falle!
denn du bist ein loser Dieb,
denn du buhlst um Alle!

3.
My fingers on either hand
I had adorned with rings
that my brother had given me
out of his loving kindness;
and one after the other
I gave them away to that handsome but
unworthy boy.

4.
You dark eyes,
you need only beckon—
palaces fall
and cities sink.

In such a combat
how is my heart
to stand fast, that weak
house of cards?

5.
My lady neighbor, protect your son,
protect him from disaster,
because with my dark eyes
I am out to bewitch him.

Oh, how my eyes are blazing,
inviting him to catch on fire!
If his soul doesn't burn,
your cottage will go up in flames.

6.
My mother pins roses on me
because I'm so very gloomy.
She's right: just like me,
the rose falls down, losing its petals.

7.
From the mountains, wave after wave,
come downpours of rain,
and I want so much to give you
a hundred thousand kisses.

8.
Soft grass all around,
lovely, quiet spots!
Oh, how soothing it is to rest here
with one's sweetheart!

9.
I feel a poison
gnawing at my heart;
can a girl,
without indulging in
tender passions,
envisage an entire
life
that is bereft of bliss?

10.
I sweetly caress this girl and that,
but I fall silent and feel ill,
because eternally, eternally my thoughts
return to you, Nonna!

11.
Everything, everything you say to me,
you flatterer, you say in vain!
Your efforts are totally
wasted, you hypocrite!

Set your trap
for some other prey!
For you're a shameless thief,
you make love to everybody!

12.
Schwarzer Wald, dein Schatten ist so düster!
Armes Herz, dein Leiden ist so drückend!
Was dir einzig wert, es steht vor Augen;
ewig untersagt ist Huldvereinung.

12.
Dark forest, your shade is so gloomy!
Poor heart, your sorrow is so oppressive!
The only thing you value is right before your eyes;
being joined in love is eternally forbidden.

13.
Nein, Geliebter, setze dich
mir so nahe nicht!
Starre nicht so brünstiglich
mir ins Angesicht.

Wie es auch im Busen brennt,
dämpfe deinen Trieb,
daß es nicht die Welt erkennt,
wie wir uns so lieb.

13.
No, sweetheart, don't sit
so close to me!
Don't stare at my face
with such passion.

No matter how hot the burning in your bosom,
dampen your ardor
so that the world doesn't recognize
how dear we are to each other.

14.
Flammenauge, dunkles Haar,
Knabe wonnig und verwogen!
Kummer ist durch dich hinein
in mein armes Herz gezogen.
Kann in Eis der Sonne Brand,
sich in Nacht der Tag verkehren?
Kann die heiße Menschenbrust
atmen ohne Glutbegehren?
Ist die Flur so voller Licht,
daß die Blum im Dunkel stehe?
Ist die Welt so voller Lust,
daß das Herz in Qual vergehe?

14.
Eyes of flame, dark hair,
rapturous, rash boy!
Through you sorrow
has entered my poor heart.
Can the sun's blaze turn to ice,
the day into night?
Can the hot human breast
breathe without burning desire?
Is the meadow so full of light,
only to have the flowers remain in darkness?
Is the world so full of pleasure,
only to have the heart perish in torment?

15.
Zum Schluß

Nun, ihr Musen, genug!
Vergebens strebt ihr zu schildern,
wie sich Jammer und Glück
wechseln in liebender Brust.
Heilen könnet die Wunden
ihr nicht, die Amor geschlagen,
aber Linderung kommt
einzig, ihr Guten, von euch.

15.
In Conclusion

Now, you Muses, enough!
In vain you strive to depict
how lamentation and happiness
alternate in the heart that loves.
You cannot heal the wounds
that Amor has inflicted,
but, you kind ones, relief
comes only from you.

Zigeunerlieder

Gypsy Songs (Op. 103)

Texts from the Hungarian are by Hugo Conrat.

1.
He, Zigeuner, greife in die Saiten ein!
spiel das Lied vom ungetreuen Mägdelein!
Laß die Saiten weinen, klagen, traurig bange,
bis die heiße Träne netzet diese Wange!

1.
Hey, Gypsy, play your violin!
Play the song of the unfaithful girl!
Let the strings weep, lament, sadly and anxiously,
until hot tears moisten my cheek!

2.
Hochgetürmte Rimaflut, wie bist du so trüb,
an dem Ufer klag ich laut nach dir, mein Lieb!
Wellen fliehen, Wellen strömen, rauschen an den Strand heran zu mir;
an dem Rimaufer laßt mich ewig weinen nach ihr!

2.
River Rima with your towering banks, how troubled you are;
by its edge I loudly moan for you, my love!
Waves dash by, waves rush along and rumble up to the riverbank where I stand;
by the banks of the Rima let me weep eternally for her!

3.
Wißt ihr, wann mein Kindchen am allerschönsten ist?
wenn ihr süßes Mündchen scherzt und lacht und küßt.
Mägdelein, du bist mein, inniglich küß ich dich,
dich erschuf der liebe Himmel einzig nur für mich!

Wißt ihr, wann mein Liebster am besten mir gefällt?
wenn in seinen Armen er mich umschlungen hält.
Schätzelein, du bist mein, inniglich küß ich dich,
dich erschuf der liebe Himmel einzig nur für mich!

3.
Do you know when my darling is most beautiful?
When her sweet little mouth jokes and laughs and kisses.
Dear little girl, you are mine, I kiss you fervently;
loving heaven created you for me alone!

Do you know when I like my sweetheart best?
When he holds me close in his arms.
Dear lover, you are mine, I kiss you fervently;
loving heaven created you for me alone!

4.

Lieber Gott, du weißt, wie oft bereut ich hab,
daß ich meinem Liebsten einst ein Küßchen gab.
Herz gebot, daß ich ihn küssen muß,
denk so lang ich leb an diesen ersten Kuß.

Lieber Gott, du weißt, wie oft in stiller Nacht
ich in Lust und Leid an meinen Schatz gedacht.
Lieb ist süß, wenn bitter auch die Reu,
armes Herze bleibt ihm ewig, ewig treu.

5.

Brauner Bursche führt zum Tanze sein blauäugig schönes Kind,
schlägt die Sporen keck zusammen, Czárdás-Melodie beginnt,
küßt und herzt sein süßes Täubchen, dreht sie, führt sie,
jauchzt und springt;
wirft drei blanke Silbergulden auf das Cimbal, daß es klingt.

6.

Röslein dreie in der Reihe blühn so rot,
daß der Bursch zum Mädel geht, ist kein Verbot!
Lieber Gott, wenn das verboten wär,
ständ die schöne, weite Welt schon längst nicht mehr,
ledig bleiben Sünde wär!

Schönstes Städtchen in Alföld ist Ketschkemet,
dort gibt es gar viele Mädchen schmuck und nett!
Freunde, sucht euch dort ein Bräutchen aus,
freit um ihre Hand und gründet euer Haus,
Freudenbecher leeret aus!

7.

Kommt dir manchmal in den Sinn, mein süßes Lieb,
was du einst mit heilgem Eide mir gelobt?
Täusch mich nicht, verlaß mich nicht,
du weißt nicht, wie lieb ich dich hab,
lieb du mich wie ich dich,
dann strömt Gottes Huld auf dich herab!

8.

Horch, der Wind klagt in den Zweigen traurig sacht;
süßes Lieb, wir müssen scheiden: gute Nacht!
Ach, wie gern in deinen Armen ruhte ich!
doch die Trennungsstunde naht, Gott schütze dich.

Dunkel ist die Nacht, kein Sternlein spendet Licht;
süßes Lieb, vertrau auf Gott und weine nicht!
Führt der liebe Gott mich einst zu dir zurück,
bleiben ewig wir vereint in Liebesglück.

9.

Weit und breit schaut Niemand mich an,
und wenn sie mich hassen, was liegt mir dran?
Nur mein Schatz der soll mich lieben allezeit,
soll mich küssen, umarmen und herzen in Ewigkeit.

Kein Stern blickt in finsterer Nacht;
keine Blum mir strahlt in duftiger Pracht.
Deine Augen sind mir Blumen, Sternenschein,
die mir leuchten so freundlich, die blühen nur mir allein.

10.

Mond verhüllt sein Angesicht,
süßes Lieb, ich zürne dir nicht.
Wollt ich zürnend dich betrüben,
sprich, wie könnt ich dich dann lieben?

Heiß für dich mein Herz entbrennt,
keine Zunge dirs bekennt.
Bald in Liebesrausch unsinnig,
bald wie Täubchen sanft und innig.

11.

Rote Abendwolken ziehn am Firmament,
sehnsuchtsvoll nach dir, mein Lieb, das Herze brennt;
Himmel strahlt in glühnder Pracht,
und ich träum bei Tag und Nacht
nur allein von dem süßen Liebchen mein.

4.

Dear God, you know how often I have regretted
the kiss I once gave my sweetheart.
My heart commanded me to kiss him;
I will think about that first kiss as long as I live.

Dear God, you know how often in the silence of the night
I have thought about my loved one in pleasure and pain.
Love is sweet, even if repentance is bitter;
my poor heart will remain eternally, eternally true to him.

5.

A suntanned lad leads his beautiful blue-eyed sweetheart
to the dance;
he boldly strikes his spurs together; a *csárdás* melody begins;
he kisses and caresses his sweet loved one, turns her around,
leads her, rejoices and leaps;
he throws three bright silver coins onto the cimbalom
to make it twang.

6.

Three little roses in a row blossom so red;
there's no law against a young man's visiting a young girl!
Dear God, if that were forbidden,
the beautiful, wide world would have been gone long ago;
to remain unmarried is a sin!

The prettiest little town in Alföld is Kecskemét;
there, there are really a lot of good-looking and nice girls!
Friends, find yourself a bride there,
ask for her hand and establish your household;
drain the cup of joy!

7.

Do you sometimes recall to mind, my darling,
what you once promised me with a sacred oath?
Don't deceive me, don't abandon me;
you don't know how much I love you;
love me as I love you,
and then God's grace will pour down on you!

8.

Listen, the wind is wailing in the boughs sadly and softly;
darling, we must part: good night!
Oh, how gladly I would rest in your arms!
But the hour of separation draws near, may God protect you.

Dark is the night, no star sheds any light;
darling, trust in God and do not weep!
If God brings me back to you some day,
we will remain united in love's happiness forever.

9.

Far and wide no one looks at me,
and if they hate me, what do I care?
I only want my sweetheart to love me always,
I want him to kiss, hug and caress me forever.

No star peeps through the black night;
no flower beams at me in fragrant splendor.
Your eyes are flowers and starlight to me,
shining so lovingly, blooming for me alone.

10.

The moon conceals its face,
darling, I am not angry with you.
If I were to be angry and sadden you,
tell me, how then could I be in love with you?

My heart blazes ardently for you,
no tongue confesses it to you.
Now made foolish by love's intoxication,
now as gentle and intimate as doves.

11.

Red evening clouds pass by in the firmament;
my heart burns longingly for you, my darling.
The sky beams in glowing splendor,
and I dream, by day and night,
only of my sweet lover.

Liebeslieder

Love songs (Op. 52 / 1868–9)
Waltzes for four solo voices and piano four hands
on texts from Georg Friedrich Daumer's *Polydora*

1

nicht dein Herz er - wei - chen, willst du, ei - - ne Ü - ber -
8
I
19
II
from - - me, ra - sten oh - ne trau - te Won - ne, o - der
8
I
25
II

Ra-sten oh - ne trau - te
willst du, willst du daß ich kom - me?
p
p
8
I
31
II
p dolce
Won - ne, nicht so bit - ter will ich bü - ßen. Kom-me
8
I
37
II

nur, du schwar - zes Au - ge, kom - me, wenn die
willst du daß ich kom - me,
dolce
I
II
43
Ster - ne grü - ßen, wenn die Ster - ne grü - - - ßen.
willst du daß ich kom - me, willst du daß ich kom - - - me?
49

2

Am Ge-stei - ne rauscht die
Am Ge-stei - ne rauscht die Flut,
Am Ge-stei - ne rauscht die
I
II
Flut, hef - tig an - ge-trie - - ben; ben;
Flut, hef - tig an-ge-trie - - ben; ben;
hef - tig an - - ge - - trie - - - - ben; ben;
Flut, hef - tig an-ge-trie - - - ben; ben;
5
I
II

p
wer da nicht — zu seuf - zen weiß,
wer da nicht — zu seuf - zen
wer da nicht — zu seuf - zen weiß,
wer da nicht — zu seuf - zen
I
9
II
weiß,
lernt es un - term Lie - - ben.
ben.
f
1.
2.
cresc.
15

Tenor *p*

O die Frau - en, o die Frau - en, wie sie Won - ne, Won - ne tau - en!

Baß *p*

I

II

Wä - re lang ein Mönch ge - wor - den, wä - re lang ein Mönch ge - wor - den, wä - ren nicht die Frau - en, die Frau - en!

8

15

3b

Tenor
Baß
I
II
8
15
O die Frau - en, o die Frau - en, wie sie Won - ne, Won - ne tau - en!
Wä - re lang ein Mönch ge - wor - den, wä - re lang ein Mönch ge - wor - den, wä - ren nicht die Frau - en, die Frau - en!

4
Sopran
Alt
Wie des A - bends schö - ne Rö - te möcht ich
ar - me Dir - ne glühn, glühn,
espress.
Ei - nem, Ei - nem
zu Ge - fal - len son-der En - de Won - ne sprühn. sprühn.
I
II
p
6
11

1. Die grü - ne Hop - fen - ran - ke, sie schlän - gelt auf der Er - de hin.
2. hö - re, grü - ne Ran - ke! Was hebst du dich nicht him - mel - wärts?

2. Du

Wie

1. Die jun - ge schö - ne Dir - ne, so trau - rig ist ihr Sinn!
2. Du hö - re, schö - ne Dir - ne! Was ist so schwer dein Herz?

I

II

1.

2.

hö - be sich die Ran - ke, der kei - ne Stü - tze Kraft ver - leiht?
poco cresc.
I
19
II
poco cresc.
Wie wä-re die Dir - ne fröh - lich, wenn ihr der Lieb-ste weit? Wie
p
Wie wä-re die Dir - ne fröh - lich, wenn ihr der Lieb - ste weit?
1.
2.
I
p
28
II
p

6

Grazioso
Ein klei - ner, hüb - scher Vo - gel nahm den Flug zum
Grazioso
p sotto voce
I
II
Wenn ich ein hüb - scher, klei - ner Vo - gel
Gar - ten hin, da gab es Obst ge - nug.
Wenn ich ein hüb - scher, klei - ner Vo - gel
9

wär, ich säumte nicht, ich tä - te so wie der.
Leim-ru-ten - Arg-list
wär, ich säumte nicht, ich tä - te so wie der.
8
tr
sf tr
I
16
II
der ar - me Vo - gel konnte nicht mehr fort,
lau-ert an dem Ort, der ar - me Vo - gel konnte nicht mehr fort,
8
I
23
II

Leim - ru - ten - Arg - list lau - ert an dem Ort; — der ar - me Vo - gel
Leim - ru - ten - Arg - list lau - ert an dem Ort; — der ar - me Vo - gel
I
29
II
konnte nicht mehr fort, — nicht fort, nicht fort.
konn - te nicht, konnte nicht mehr fort, nicht fort, nicht fort. Wenn
p
I
35
II

p
Wenn ich ein hüb - scher,
ich ein hüb - scher, klei - ner Vogel wär, ich säum - te doch, ich tä - te nicht wie der,
Wenn ich ein hüb - scher,
I
43
II
klei - ner Vo - gel wär, ich säum - te doch, ich tä - te nicht wie der,
nicht wie
nicht wie
klei - ner Vo - gel wär, ich säum - te doch, ich tä - te nicht wie der,
I
52
II

nicht wie der, nicht wie der, wie der.
der, nicht wie der, nicht wie der, wie der.
der, nicht wie der, nicht wie der, wie der.
nicht wie der, nicht wie der, wie der.
I
59
II
Der Vo - gel kam in ei - ne schö - ne Hand,
Der Vo - gel kam, der Vo - gel kam in ei - ne schö - ne Hand,
p dolce
I
66
p dolce
II
p

da tat es ihm, dem Glück - li - chen, nicht
da tat es ihm, da tat es ihm, dem Glück - li - chen, nicht
I
74
II
and.
and.
Wenn ich ein hüb - scher, klei - ner Vo - gel wär, ich
I
85
II

Wenn ich ein hüb - scher, klei - ner Vo - gel wär, ich säumte
säum - te nicht, ich tä - te doch wie der,
Wenn ich ein hüb - scher, klei - ner Vo - gel wär, ich säumte
I
95
II
nicht, ich tä - te doch wie der, wie der, wie der.
wie der, wie der, wie der.
wie der, wie der, wie der, wie der, wie der.
nicht, ich tä - te doch wie der,
I
103
II

7
Sopran
(Alt)
Wohl schön be-wandt war es vor - e - he mit mei - nem Leben, mit mei - ner Liebe,
durch ei-ne Wand, ja durch zehn Wän-de er - kann - te mich des Freun - des
Se-he, doch je - tzo, we - he, wenn ich dem Kal - ten auch noch so dicht vorm Au - ge
ste - he, es merkts sein Au-ge, sein Her - - - - ze nicht.
espress.
p
I
II
8
17
1.
2.

8

p (2da sempre pp)
Wenn so lind dein Au - ge mir und so lieb - - lich
schau - et, je - de letz - te Trü - be flieht, wel - che mich um - grau - - et.
p dolce
(2da sempre pp)
I
II
9

Die-ser Lie - be schö - ne Glut, laß sie nicht ver -
Die-ser Lie - be schö - - - - ne
Die-ser Lie - be schö - ne Glut, laß sie nicht ver - stie -
ver - stie -
I
18
II
stie - ben! Nim-mer wird, wie ich, so treu dich ein And - - rer lie - ben.
- ben! Nim-mer wird, wie ich, so treu dich ein And - - rer lie - ben.
ben!
p
poco cresc.
25

9

p
Am Do - nau - stran - de, da steht ein
Am Do - nau - stran - de, da steht ein
p dolce
cantando
I
II
Haus, da schaut ein ro - si - ges Mäd - chen
Haus, da schaut ein ro - si - ges Mäd - chen
8
9

aus.
Das Mädchen es ist
wohl gut ge - hegt,
aus.
Das Mädchen es ist
wohl gut ge - hegt,
8
cantando
p
pp
p
I
II
17
zehn ei-ser-ne Rie - - gel sind vor die Tü-re ge-legt.
zehn ei-ser-ne Rie - - gel sind vor die Tü-re ge-legt.
pp
p
8
p
p
26

f
Zehn ei-ser-ne Rie-gel das ist ein Spaß; die spreng ich als
Zehn ei-ser-ne Rie-gel das ist ein Spaß; die spreng ich als
Zehn ei-ser-ne Rie-gel das ist ein Spaß; die spreng ich als wä-
I
34
II
wä-ren sie nur von Glas.
wä-ren sie nur von Glas. Am Do-nau-
p dolce
wä-ren sie nur von Glas. Am Do-nau-stran-
ren sie nur von Glas. Am Do-nau-
p dolce
42
cant.
p

stran - de, da steht ein Haus, da
de, da steht ein Haus, da schaut, da
stran - de, da steht, da steht ein Haus, da schaut, da
I
49
II
schaut ein ro - si - ges Mäd - chen aus.
schaut ein ro - si - ges Mäd - chen aus.
I
pp rit.
56
II
rit.
pp

10

p
O — wie sanft die Quel - le — sich durch die Wie - se win - - - -
O wie sanft die Quel - le sich durch die Wie - se win - - - -
O — wie sanft die Quel - le sich durch die Wie - se win - - - -
O wie sanft die Quel - le sich durch die Wie - se win - - - -
p dolce
I
II
det! O — wie schön, wenn Lie - be sich zu — der Lie - be
det! O — wie schön, wenn
det! O — wie schön, wenn Lie - be sich zu — der Lie - be fin - -
det! O — wie
9

findet! O — wie schön, — wenn Lie-be sich
Lie-be sich zu — der Lie - - - be fin - det!
det! O — wie schön, wenn Lie-be sich zu — der
schön, wenn Liebe sich zu der Lie - be fin - det!
p
I
II
17
zu — der Lie - be findet, zu der Lie - - - be fin-det!
O — wie schön, wenn Liebe sich zu — der Lie - be, zu der Lie - - - be fin-det!
Lie - be fin - det, zu der Lie - - - be fin-det!
O — wie schön, wenn Liebe sich fin - det, zu der Lie - - - be fin-det!
25

11

Nein, es ist nicht auszukommen mit den Leuten; Al - les wissen sie so gif-tig aus-zudeu-ten.
Nein, es ist nicht auszukommen mit den Leuten; Al - les wissen sie so gif-tig aus-zudeu-ten.
I
II
Bin ich hei-ter, hegen soll ich lo - se Trie - be; bin ich still, so heißts ich wäre
Bin ich hei-ter, hegen soll ich lo - se Trie - be; bin ich still, so heißts ich wäre
I
8
II

cresc.
irr — aus Lie - be, irr — aus Lie - be.
f
Nein, es ist nicht auszukommen mit den Leu-ten,
I
II
15
22
Al - les wissen sie so gif-tig aus-zu deu-ten.
1.
2.
aus - zu - deu - ten.

12

f
Schlos_ser auf, und ma_che Schlös_ser, ma_che Schlös_ser,
bö - sen, bö_sen Mäu_ler will ich schlie_ßen,
Schlos_ser auf, und ma_che Schlös_ser, ma_che Schlös_ser,
bö - sen, bö_sen Mäu_ler will ich schlie_ßen,
Schlos_ser auf! und ma - che Schlös_ser, ma_che Schlös_ser,
denn die bö - sen Mäu_ler will ich schlie_ßen,
8
I
II
Schlös_ser oh_ne Zahl!_ denn die
schlie_ßen all_zu - mal._
Schlös_ser oh_ne Zahl, denn die bö - sen, denn die
schlie_ßen all_zu - mal, will ich schlie - ßen
Schlös_ser oh_ne Zahl! denn die bö - sen
schlie_ßen all_zu - mal. will ich
1.
6

2.
will ich schlie-ßen, will ich schlie-ßen,
will ich schlie-ßen, will ich schlie-ßen,
schlie-ßen, schlie-ßen, will ich schlie-ßen,
will ich
I
II
denn die bö-sen Mäuler will ich schlie-ßen, schließen all-zu-mal! mal!
denn die bö-sen Mäuler will ich schließen all-zu-mal! mal!
denn die bö-sen Mäuler will ich schlie-ßen all-zu-mal! mal!
1.
2.
I
II

13

Sopran
Alt
Vö - ge - lein durchrauscht die Luft, durch - rauscht die Luft,
sucht nach ei - nem A - ste;
I
II
poco f
5

p
und das Herz ein Herz be - gehrts, wo es
f
I
II
9
se - lig ra - - - ste. ra - - - ste.
1.
2.
14

Tenor

p *dol.*

Sieh, wie ist die Wel - le klar, blickt der Mond her - nie - der!

Baß

p *dol.*

I

p dolce *pp*

II

p dolce *pp*

Die du mei - ne Lie - be bist, lie - be du mich wie - der!

I

9

II

15

p
Nach-ti - gall, sie singt so
Nach - ti - gall, sie singt so
8
p
dolce
I
II
schön, wenn die Ster - ne fun - - - keln.
schön, wenn die Ster - ne fun - - - keln.
6

Lie - be mich, ge - lieb - - tes Herz,
Lie - be mich, ge - lieb - - tes Herz,
8
I
11
II
küs - - - se mich im Dun - - - keln, im
küs - - - se mich im Dun - - - keln, im
8
I
15
II

1.
Dun - - keln!
Dun - - - keln!
1.
8
pp
I
19
1.
pp
II
2.
Dun - - - - - - - - - - keln!
Dun - - - - - - - - - - keln!
2.
8
pp
I
23
2.
pp
II

Lebhaft

Ein dun-ke-ler Schacht ist Lie - - be, ein gar zu ge-fähr-li-cher

Ein dun-ke-ler Schacht ist Lie - - be, ein gar zu ge-fähr-li-cher

Ein dun-ke-ler Schacht ist Lie - - be, ist
ein gar zu ge-fähr - li - cher Bron - -

Lebhaft

I

II

Bron - - nen; da fiel ich hin-ein, ich Ar - -

Bron - - nen; da fiel ich hin-ein, ich Ar - -

Lie - - be; da fiel ich hin-ein, ich Ar - - mer, kann we-der
- - - nen;

I

7

II

mer, kann we - der hö - ren noch sehn, nur den - ken an mei - ne
mer, kann we - der hö - ren noch sehn, nur
hö - ren noch sehn, noch sehn,
p
espress.
fp
14
I
II
Won - nen, an mei - ne Won - nen, nur stöh -
nur den - ken an mei - ne Won - nen, nur stöh -
den - ken an mei - ne Won - nen, nur stöh - nen, nur stöh -
nur den - ken an mei - ne Won -
cresc.
21
8

1.
nen, nur stöh - nen, nur stöh - nen in mei -
nen, nur stöh - nen, nur stöh - nen in mei -
8
I
28
II
- nen Wehn,
2.
mei - nen Wehn.
34

17

Mit Ausdruck
Tenor
Nicht wand - le, mein Licht, dort au - ßen
Mit Ausdruck
p dolce
I
p dolce
II
im Flur - be - reich! die Fü - ße wür - den dir, die
8
zar - ten zu naß, zu weich. Nicht
p
15
1.
2.

All ü - ber - strömt sind dort die We - ge, die Ste - ge dir;
8
legato cresc.
I
21
II
legato cresc.
so ü - ber - reich - lich trän - - - te dor - ten das
8
p
28
p
Au - - ge mir. mir.
1.
2.
35

18

Lebhaft
pp
Es be - bet das Ge -
Es be - bet das Ge -
Lebhaft
8
pp
non legato
I
II
sträu - che, ge - streift hat es im Flu -
sträu - che, ge - streift hat es im Flu -
8
5

ge ein Vö - - - ge - lein, ein
ge ein Vö - - - ge - lein, ein
pp
8
I
dim.
10
II
Vö - - ge - - lein. Es In
Vö - - - ge - lein. Es In
1.
2.
15

espress.
glei - cher Art er - be - - bet die See - le mir, _ er - schüt - -
espress.
espress.
glei - cher Art _ er - be - - bet die See - le mir, _ er - schüt - -
espress.
I
II
19
p
p
pp
26
pp
tert von Lie - be, Lust und Lei - de, von Lie - be, Lust und Lei - -
tert von Lie - be, Lust und Lei - de, von Lie - be, Lust und Lei - -

de, ge - denkt sie dein, ge - denkt sie
de, ge - denkt sie dein, ge - denkt sie
I
34
II
dein. In denkt sie dein.
dein. In denkt sie dein.
I
41
II

Neue Liebeslieder

New Love Songs (Op. 65 / 1874)
Waltzes for four solo voices and piano four hands
on texts from Georg Friedrich Daumer's *Polydora*
and by Johann Wolfgang von Goethe

1

Denn tau - send Na - chen schwim - - men zer - trüm - mert, zer -
Denn tau - send Na - chen schwim - - men zer - trüm - mert, zer -
I
12
II
8
sf
trüm - mert, zer - trüm - mert am Ge - stad um - her!
trüm - mert, zer - trüm - mert am Ge - stad um - her!
I
19
II
ff

2

Fin - ste-re Schatten der Nacht, Wo - - gen- und Wir - bel - ge - fahr!
I
II
Fin - ste-re Schat-ten der Nacht, Wo - - gen- und Wir - bel - ge - fahr!
Fin - ste-re Schat-ten der Nacht, Wo - gen- und Wir - bel - ge - fahr!
I
7
II

Sind wohl, die da ge - lind ra - sten auf si - che - rem Lan - de, euch
Sind wohl, die da ge - lind ra - sten auf si - che - rem Lan - de,
I
13
II
zu be - grei - fen im Stan - de?
euch zu be - grei - fen im Stan - de? Das ist der nur al - lein,
I
19
II

p
Das ist der nur al - lein, wel - cher auf wil - der See
p
p
wel - cher auf wil - der See
p
I
sf
p
cresc.
25
II
p
cresc.
cresc.
stür - mischer Ö - de treibt, Mei - - len ent - fernt vom Stran -
cresc.
f
f
cresc.
f
stür - mischer Ö - de treibt, Mei -
cresc.
f
f
8
I
f
f
31
II
f
f

de, ent - fernt vom Stran - - - - - - - - - - - - - - - -
len ent - fernt vom Stran - - - - - - - - - - - - - - - -
I
38
II
de.
de.
1.
2.
43

3ª *)

*) [If necessary, this can be sung in F major (3ᵇ).]

espress.
Und ei - nen nach dem an - dern gab ich dem schö - nen, a - ber un - wür - di - gen Jüng - ling
I
II
16
hin, dem schö - nen, dem schö - nen, a - ber un - wür - di - gen Jüng - ling hin.
dolce
sf
p
p dolce
25
3b
Sopran
p dolce
An je - der Hand die Fin - ger hatt ich be - deckt mit Rin -

gen, die mir ge-schenkt mein Bru-der in seinem Lie-bes-sinn.
I
II
8
espress.
Und ei-nen nach dem an-dern gab ich dem schö-nen, a-ber un-wür-di-gen Jüng-ling
espress.
p
16
hin, dem schö-nen, dem schö-nen, a-ber un-wür-di-gen Jüng-ling hin.
dolce
sf
p dolce
25

4

Baß
Ihr schwarzen Au - gen, ihr dürft nur win - ken - Palä - ste fal - len und Städ - te sin - ken.
poco f
sf
sf
mf
I
II
Wie soll - te stehn in sol - chem Strauß mein Herz, von Kar - ten das schwache Haus?
cresc.
cresc.
8
5
Alt
1. Wah - re, wah - re dei - nen Sohn, Nach - ba - rin, vor We - he,
2. Weil ich ihn mit schwar - zem Aug zu - be - zau - bern ge - he.
f
sotto voce
sf
sotto voce

O wie brennt das Au - ge mir, das zu zün - den, das zu zün - den
fo - dert! Flam - met ihm die See - le nicht, die See - le nicht,
dei - ne Hüt - te, dei - ne Hüt - te lo - dert. lo - dert.
I
II
8
16
23
s.v.
cresc.
p
f
1.
2.

Sopran

dolce

Ro - sen steckt mir an die Mut - ter, weil ich gar so trü - be bin. bin. Sie hat Recht, die Ro - se sin - ket, so wie ich, ent - blät - tert hin. hin.

I

p dolce

II

p dolce

espress.

6

11

p

7

Lebhaft
f
Vom Ge - bir - ge Well auf Well kom - men Re - gen - güs - se,
Vom Ge - bir - ge Well auf Well kom - men Re - gen - güs - se,
Lebhaft
f marc.
I
f marc.
II
vom Ge - bir - ge Well auf Well kom - men Re - gen - güs - se,
vom Ge - bir - ge Well auf Well kom - men Re - gen - güs - se,
I
9
II

und ich gä - be dir so gern hun - dert, hun - dert -
und ich gä - be dir so gern hun - dert tau - -
hun - dert -
f cresc.
f cresc.
17
I
II
tau - send Küs - se. Vom Ge - bir - ge
- send Küs - se. Vom Ge - bir - ge
tau - send Küs - se.
23

Well auf Well kom - men Re - gen - güs - se, und — ich gä - be
Well auf Well kom - men Re - gen - güs - se, und ich gä - be
I
29
II
dir so gern hun - dert - tau - send Küs - se.
dir so gern hun - dert - tau - send Küs - se.
I
35
II

8

Ruhig
p dolce
Wei - che Grä - ser im Re - vier,
p dolce
p dolce
Wei - che Grä - ser im Re - vier,
p dolce
Ruhig
I
p
dolce
II
p
dolce
schö - ne, stil - le Plätz - - - - chen,
schö - ne, stil - le Plätz - - - - chen,
I
9
II

p dolce
wei - che Grä - - ser im Re - vier,
p dolce
p dolce
wei - che Grä - - ser im Re - - vier,
p dolce
p dolce
I
18
II
p dolce
schö - - ne, stil - - le Plätz - - - - - chen!
schö - - - ne, stil - - - le Plätz - - - - - chen!
I
26
II

espress.
O wie lin - de ruht es
O wie lin - de, o wie lin - de ruht es hier
O wie lin - de, o wie lin - de ruht es hier
O wie lin - de ruht es
34
I
II
hier sich mit ei - nem Schätz - chen!
sich mit ei - nem Schätz - chen!
sich mit ei - nem Schätz - chen!
hier sich mit ei - nem Schätz - chen!
p dolce
1.
2.
40

9

Sopran
espress.
1.
Na - gen am Her - zen fühl ich ein Gift mir,
I
p espress.
II
p
2.
mir, kann sich ein Mäd - chen, oh - ne zu fröh - nen zärt - li - chem Hang, fas - sen ein
poco cresc.
10
cresc.
poco f
dim.
gan - zes, ein gan - zes, gan - zes wonne - be - raub - tes Le - ben ent - lang?
21

10

Tenor
espress.
Ich ko - se süß — mit der — und der und wer - de still — und kran - ke,
I
II
sf
p
p dolce
cresc.
denn e - wig, e - wig kehrt — zu - dir, o Non - na,
f
dim.
9
o Non - na, mein — Ge - dan - ke! ke!
1.
2.
dolce
17

Sopran

Lebhaft

Lebhaft

Al-les, al-les in den Wind sagst du mir, — du Schmeichler! Al-lesamt ver-lo-ren sind

sf *p leggiero* *f* *f* *sf*

I

II

sf *p leggiero* *f* *f* *sf* *p*

dei - ne Mühn, du Heuchler! Ei-nem an - dern Fang zu lieb stel - le dei -

8

f *f* *sf* *p* *f*

7

f *f* *sf* *p*

- ne Fal-le! denn du bist ein lo - ser Dieb, denn du buhlst um Al-le!

p *f*

f *f* *sf* *p* *f* *f*

14

f *f* *sf* *p* *f* *f*

12

Lebhaft
Schwar - zer Wald, dein Schat - ten ist so
Schwar - zer Wald, dein Schat - ten ist so
Lebhaft
I
II
dü - ster! Ar - mes Herz, dein Lei - den
dü - ster! Ar - mes Herz, dein Lei - den
I
7
II

cresc.
ist so drü - ckend, ar - mes Herz, dein Lei - den ist so drü - ckend,
cresc.
cresc.
ist so drü - ckend, ar - mes Herz, dein Lei - den ist so drü - ckend,
cresc.
I
14
II
1.
2.
f
ist so drü - ckend! Schwar - zer drü - ckend!
f
f
ist so drü - ckend! Schwar - - zer drü - ckend!
f
ist so drückend! Schwar - zer Wald, schwar - zer drü - ckend!
1.
8
2.
I
f
22
II
f

p espress.
Was dir ein - zig wert, es steht vor
p espress.
p espress.
Was dir ein - zig wert, es steht vor
p espress.
p
I
25
p
II
f
Au - gen,
p
e - wig
f
f
Au - gen,
p
e - wig
f
p
f
dim.
p
I
29
f
dim.
p
II

un - - ter - sagt ist Huld - ver - ei - - -
f
f
un - - ter - sagt ist Huld - ver - ei - - -
f
f
I
34
II
f
f
1.
2.
nung!
nung!
nung!
nung!
1.
2.
dim.
dim.
p
I
39
II
dim.
dim.
p

13

Sopran
Lebhaft
pp m.v.
Nein, Ge - lieb - ter, se - tze dich
Star - re nicht so brün - stig - lich
Alt
pp m.v.
Lebhaft
I
pp
m.v. ma ben marcato
II
pp
1.
2.
mir so na - he nicht!
mir ins An - ge - sicht.
7

cresc.
Wie es auch im Bu - sen brennt, im Bu - - sen
cresc.
p
cresc.
I
II
11
p
cresc.
brennt, däm - pfe, däm - pfe dei - nen Trieb, daß es
f
f
m. v.
m.v.
8
pp
16
f
m.v.
pp
nicht die Welt er - kennt, wie wir uns so lieb, so lieb. lieb.
1.
2.
dim.
22
2da volta poco rit.
dim.
pp
pp

14

Lebhaft
Flam - men-au - - ge, dunk - les Haar, — Kna - be won -
Lebhaft
I
II
- nig und ver - wo - - gen, Kum - mer ist — durch dich hin - ein,
Ku - mer ist
I
7
II

cresc.
in mein ar - mes Herz ge - zo - - gen, in mein
cresc.
durch dich hin - ein, in mein ar - mes Herz ge - zo - - -
I
cresc.
13
II
cresc.
ar - mes Herz ge - zo - gen! Flam - men-au - - ge, dunk - les Haar,
f
gen, ge - zo - - - gen! Flam - men-au - - ge, dunk - les Haar,
f
I
f
19
II
f

Kna - be won - nig und ver - wo - - gen, Kum - mer ist durch
dich hin - ein in mein ar - mes Herz ge - zo - - gen,
I
II
25
32

in mein ar - mes Herz ge - zo - - gen.
I
40
II
f
p
Kann in Eis der Son - ne Brand, sich in Nacht der Tag ver -
p
espress.
47

cresc.
keh - ren? Kann die hei - ße Men - schen - brust at - men
keh - ren? Kann die hei - ße Men - schen - brust at - men
I
54
II
oh - ne Glut be - geh - ren?
p espress.
oh - ne Glut be - geh - ren? Ist die
f
p
60

p
daß die Blum im
p
Ist die Flur so vol - ler Licht,
Flur so vol - ler Licht, ist die
p
Ist die Flur so vol - ler Licht, so vol - ler
I
66
II
cresc.
Dun - kel ste - he? Ist die Welt so vol - ler
ist die Welt so vol - ler Lust, so vol - ler
Welt so vol - ler Lust, die Welt so vol - ler
Licht, ist die Welt so vol - ler
I
71
II

Lust, daß das Herz in Qual vergehe, vergehe?
f
p
I
II
76
82
rit.

Zum Schluß

Goethe

wie sich Jam - - - mer und Glück wech - seln in lie - ben - der
wie sich Jam - mer und Glück wech - seln in lie - ben - der
I
5
II
Brust, wie sich Jam - mer und Glück wech - seln in lie - ben - der
Brust, Jam - mer und Glück wech - seln in lie - ben - der
wie sich Jam - - mer und Glück wech - seln in lie - ben - der
Jam - - mer und Glück wech - seln in lie - ben - der
I
7
II

Brust.
Brust.
Brust.
Brust.
Hei - len kön - net die Wun - den ihr
Hei - len kön - net die
die
I
9
II
nicht, die A - mor ge - schla - gen;
hei - len kön - net die
die A - mor ge - schla - gen;
Wun - den ihr nicht,
hei - len kön - net die Wun - den ihr
A - mor ge - schla - gen!
I
11
II

Wun - den ihr nicht,
die A - mor ge -
hei - len kön - net die Wun - den ihr nicht, die A - mor ge - schla - gen, die
nicht, hei - - len kön - net die Wun - den ihr nicht, die
hei - - len kön - net die Wun - den ihr
cresc.
13
I
II
schla - gen, die A - - mor, die A - mor ge - schla - - -
A - mor, die A - - - - mor, die A - mor ge - schla - - -
A - - mor ge - schla - gen, die A - - mor ge - schla - - - -
nicht, die A - mor ge - schla - gen, die A - - mor ge - schla - - -
f
dim.
p
sf
15

gen, a - ber Lin - - de - rung kommt ein - - zig, ihr Gu - ten, von
gen, Lin - - de - - rung kommt ein - - zig, ihr Gu - ten, von
gen, Lin - - de - rung kommt ein - - zig, ihr Gu - ten, von
gen, a - - - ber Lin - - - - de - rung
I
18
II
p
euch, a - ber Lin - de - rung kommt ein - - zig, ein - zig, ihr Gu - ten, von
euch, Lin - de - rung kommt ein - zig, ihr Gu - ten, von
euch, a - ber Lin - de - rung kommt ein - - - zig, ihr Gu - ten, von
kommt, a - ber Lin - de - rung kommt ein - - - zig,
I
20
II
f

p dolce
euch, ein - zig,
euch,
p dolce
euch, a - ber Lin - de - rung kommt ein - zig, ihr Gu - ten,
p
ein - zig, ihr Gu - ten, von
I
p dolce
22
p
II
ihr Gu - ten, von euch, von euch.
p
ein - zig, ihr Gu - ten, von euch.
ihr Gu - ten, von euch, von euch.
euch, von euch, von euch.
I
24
II

Zigeunerlieder

Gypsy Songs (Op. 103 / 1887)
For four solo voices and piano [one player]
on texts from the Hungarian by Hugo Conrat

1

in die Sai - ten ein, spiel das Lied vom un - ge -
in die Sai - ten ein, spiel das Lied vom un - ge -
18
treu - en Mäg - de - lein!
treu - en Mäg - de - lein! Laß die Sai - ten wei - nen,
24
pp
Tenor
kla - gen, trau - rig ban - - - - - - - ge, bis die
30
p
pp

hei - ße Trä - nen ne - tzet die - se Wan - ge!
36
mp cresc.
Laß die Sai - ten wei - nen, kla - gen, trau - rig ban -
p
Laß die Sai - ten wei - nen, kla - gen, trau - rig ban -
42
p
- ge, bis die hei - ße Trä - ne ne - tzet
cresc.
49

die - se Wan - - - ge!
die - se Wan - - - ge!
55
Più presto
sempre f
He, Zi - geu - - ner, grei - - fe in die Sai - - ten ein, spiel das
He, Zi - geu - - ner, grei - - fe in die Sai - - ten ein, spiel das
61
Lied vom un - - ge - treu - - en Mäg - de - - lein! Laß die
Lied vom un - - - ge - treu - en Mäg - de - - lein! Laß die
68

Sai - ten wei - - nen, kla - - gen, trau - rig ban - - - - - - - -
Sai - ten wei - - nen, kla - - gen, trau - - - - - rig ban - - - - - -
74
ge, bis die hei - - ße Trä - - ne ne - - tzet die - se
ge, bis die hei - - ße Trä - - ne ne - - tzet die - se
80
f
Wan - - - ge!
Wan - - - ge!
86
fp
f

2

Allegro molto
Hoch - ge - türm - te Ri - ma - flut, wie bist du so
Hoch - ge - türm - te Ri - ma - flut, wie bist du so
Allegro molto
f ben marc.
trüb, an dem U - fer klag ich laut nach
trüb, an dem U - fer klag ich laut nach
dir, mein Lieb!
Wel - len flie - hen,
dir, mein Lieb!
Wel - len flie - hen,
mf cresc.

Wel - len ströme, rau - schen an den Strand her - an zu - mir;
Wel - len strö - men, rau - schen an den Strand her - an zu - mir;
an dem Ri - ma - u - fer laßt mich e - wig wei - nen nach ihr!
an dem U - fer laßt mich
an dem U - fer laßt mich e - wig wei - nen nach ihr!
an dem Ri - ma - u - fer laßt mich
19
25
31

3
Allegretto
Tenor
Wißt ihr, wann mein Kind - chen am al - ler-schön-sten ist?
p
Wenn ihr sü - ßes Münd - chen scherzt und lacht und küßt.
dolce
f Allegro
Schä - tze - lein, du bist mein, in - nig - lich küß ich dich, dich er-schuf der
Mäg - de - lein, du bist mein, in - nig - lich küß ich dich, dich er -
Allegro
f
p cresc.
lie - be Him - mel ein - - zig nur für mich!
schuf der Him - - mel nur für mich!
f

Sopran
Allegretto
Wißt ihr, wann mein Lieb - ster am be - sten mir ge -
f
p
p
20
fällt? Wenn in sei - nen Ar - men er mich um - schlun - gen hält.
dolce
27
Allegro
Schä - tze - lein, du bist mein, in - nig - lich küß ich dich, dich er - schuf der
Mäg - de - lein, du bist mein, in - nig - lich küß ich dich, dich er -
Allegro
f
p cresc.
33
lie - be Him - mel ein - zig nur für mich!
schuf der Him - mel nur für mich!
38

4
Vivace grazioso
1. Lie - ber Gott, du weißt, wie oft be - reut ich hab,
2. Lie - ber Gott, du weißt, wie oft in stil - ler Nacht
Vivace grazioso
p leggiero
daß ich mei - nem Lieb - sten einst ein Küß - chen gab.
ich in Lust und Leid an mei - nen Schatz ge - dacht.
5
Herz ge - - bot, daß ich ihn küs - sen muß,
Lieb ist süß, wenn bit - ter auch die Reu,
Herz ge - - bot, ihn küs - - sen muß,
Lieb ist süß, wenn bit - - ter Reu,
9

denk so lang ich leb an die - sen er - sten Kuß.
ar - mes Her - ze bleibt ihm e - wig, e - wig treu.
denk so lang ich leb an die - sen Kuß.
ar - mes Her - ze bleibt ihm e - wig treu.
13
Herz ge - bot, daß ich ihn küs - sen muß,
Lieb ist süß, wenn bit - ter auch die Reu,
Herz ge - bot, ihn küs - sen muß,
Lieb ist süß, wenn bit - ter Reu,
17
denk so lang ich leb an die - sen er - sten Kuß.
ar - mes Her - ze bleibt ihm e - wig, e - wig treu.
1. 2.
da capo
denk so lang ich leb an die - sen Kuß.
ar - mes Her - ze bleibt ihm e - wig treu.
da capo
21
1. 2.
da capo
Ped.

5

Allegro giocoso
Brau - ner Bur - sche führt zum Tan - ze
Brau - ner Bur - sche führt zum Tan - ze
Allegro giocoso
ben marc.
sein blau - äu - gig schö - nes Kind,
sein blau - äu - gig schö - nes Kind,
5
schlägt die Spo - ren keck zu - sam - men, Czar - das - Me - lo - die be - ginnt;
schlägt die Spo - ren keck zu - sam - men, Czar - das - Me - lo - die be - ginnt;
9

p
cresc.
küßt und herzt sein sü - ßes Täub - chen,
p
cresc.
p
cresc.
küßt und herzt sein sü - ßes Täub - chen,
p
cresc.
13
p
cresc.
f
dreht sie, führt sie, jauchzt und springt! Wirft drei blan - ke
f
f
dreht sie, führt sie, jauchzt und springt! Wirft drei blan - ke
f
17
f
Sil - ber-gul - den auf das Cim - bal, daß es klingt.
Sil - ber-gul - den auf das Cim - bal, daß es klingt.
22
f

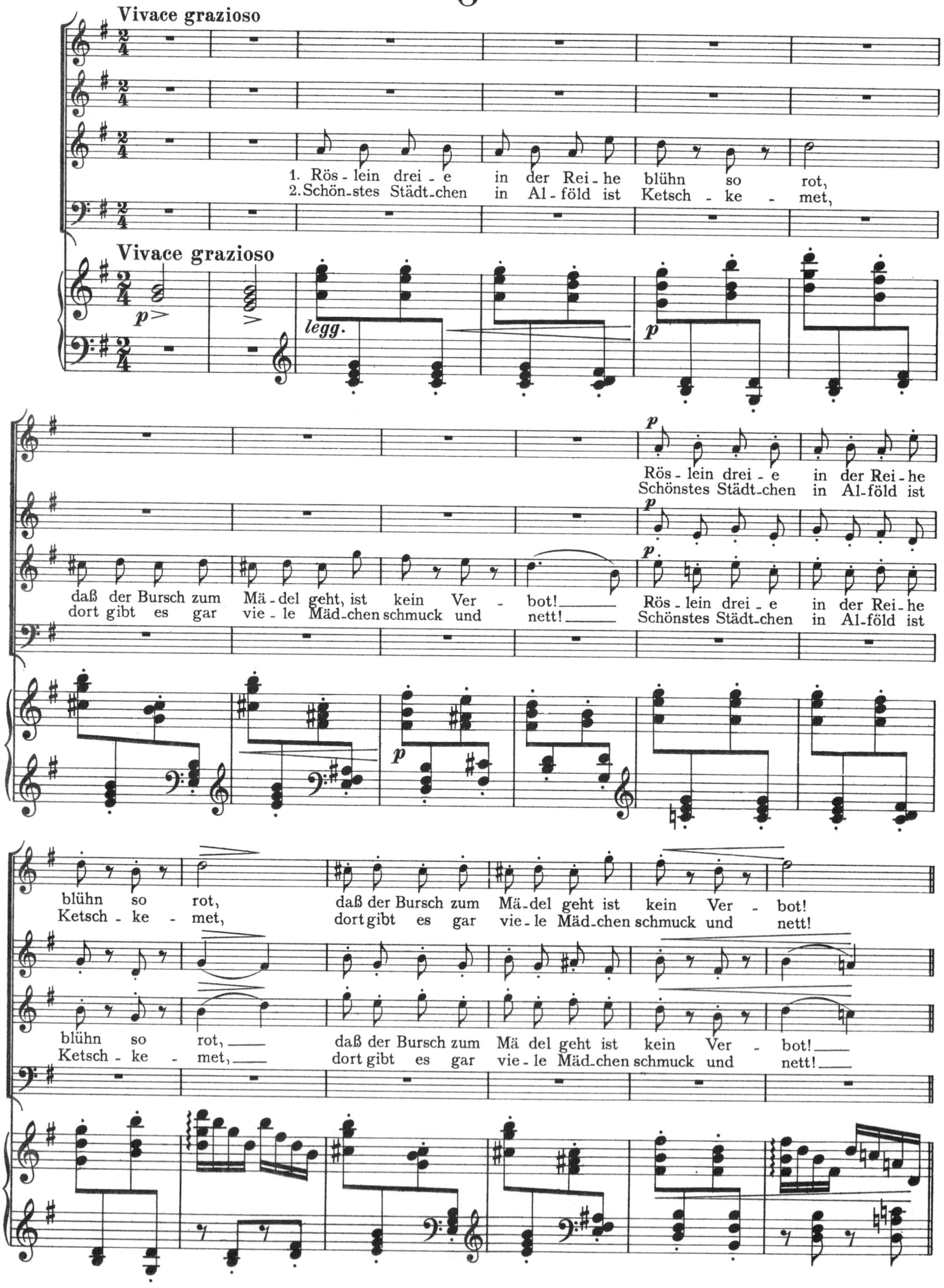

Vivace grazioso

1. Rös-lein drei-e in der Rei-he blühn so rot,
2. Schön-stes Städt-chen in Al-föld ist Ketsch-ke-met,

Vivace grazioso

p *legg.* *p*

7

daß der Bursch zum Mä-del geht, ist kein Ver-bot!
dort gibt es gar vie-le Mädchen schmuck und nett!

p Rös-lein drei-e in der Rei-he
Schönstes Städt-chen in Al-föld ist

13

blühn so rot, daß der Bursch zum Mä-del geht ist kein Ver-bot!
Ketsch-ke-met, dort gibt es gar vie-le Mäd-chen schmuck und nett!

19
Lie - ber Gott, wenn das ver - bo - ten wär, ständ die schö - ne
Freun - de, sucht euch dort ein Bräut - chen aus, freit um ih - re
Lie - ber Gott, wenn das ver - bo - ten wär, ständ die schö - ne
Freun - de, sucht euch dort ein Bräut - chen aus, freit um ih - re
ständ die
freit und
24
wei - te Welt schon längst nicht mehr, le - dig blei - ben
Hand und grün - det eu - er Haus, Freu - den - be - cher
wei - te Welt schon längst nicht mehr, le - dig blei - ben
Hand und grün - det eu - er Haus, Freu - den - be - cher
schö - ne Welt nicht mehr,
grün - det eu - er Haus,
29
Sün - de wär!
lee - ret aus!
Sün - de wär!
lee - ret aus!
1.
2.
da capo

7
Andantino grazioso
Tenor
Kommt dir manchmal in den Sinn, mein sü - ßes Lieb, was du einst mit heil-gem Ei-de
p
dolce
mir ge-lobt?
Kommt dir manch-mal in den Sinn, mein sü - ßes Lieb,
Kommt dir manch-mal in den Sinn, mein sü - ßes Lieb,
was du einst mit heil - gem Ei - de mir ge-lobt?
was du einst mit heil - gem Ei - de mir ge - lobt?
was du
7
12

Tenor
Täusch mich nicht, ver - laß mich nicht, du weißt nicht, wie lieb — ich dich hab,
mp
17
lieb du mich, — wie ich dich, — dann strömt Got - tes Huld auf dich her - ab.
22
mf
cresc.
Täusch mich nicht, ver - laß mich nicht, du weißt nicht, wie lieb — ich dich hab;
Täusch — mich nicht, du weißt nicht, wie lieb ich dich hab;
Täusch — mich nicht, du weißt nicht, wie lieb — ich dich hab;
Täusch mich nicht, du weißt nicht, wie lieb — ich dich hab;
27
f
lieb du mich, wie ich dich, — dann strömt Got - tes Huld auf dich her - ab.
lieb — du mich, dann strömt Got - tes Huld auf dich her - ab.
lieb du mich, dann strömt Got - tes Huld auf dich her - ab.
32
dolce

8

Andantino semplice
p legato
1. Horch, der Wind klagt
2. Dun - kel ist die
p legato
1. Horch, der Wind klagt in den Zwei - gen trau - rig sacht; sü - ßes Lieb, wir
2. Dun - kel ist die Nacht, kein Stern - lein spen - det Licht: sü - ßes Lieb, ver -
Andantino semplice
mp
sf
f legato
1. Horch, der Wind klagt in den Zwei - gen trau - rig sacht;
2. Dun - kel ist die Nacht, kein Stern - lein spen - det Licht;
in den Zwei - gen trau - rig sacht; sü - ßes Lieb, wir müs - sen schei - den: gu - te Nacht!
Nacht, kein Stern - lein spen - det Licht; sü - ßes Lieb, ver - trau auf Gott und wei - ne nicht!
müs - sen schei - den: gu - te Nacht! sü - ßes Lieb, wir müs - sen schei - den: gu - te Nacht!
trau auf Gott und wei - ne nicht! sü - ßes Lieb, ver - trau auf Gott und wei - ne nicht!
f
5

f
sü - ßes Lieb, wir müs - sen schei - den: gu - te Nacht!
sü - ßes Lieb, ver - trau auf Gott und wei - ne nicht!
p legato
Ach, wie gern in dei - nen Ar - men
Führt der lie - be Gott mich einst zu
ruh - te ich! doch die Tren - nungs - stun - de naht, Gott
dir zu - rück, blei - ben e - wig wir ver - eint in
mp
Doch die Tren - nungs - stun - de naht, Gott schü - tze dich, Gott
blei - ben e - wig wir ver - eint in Lie - bes - glück, in
Doch die Tren - nungs - stun - de naht, Gott
blei - ben e - wig wir ver - eint in
p
schü - tze dich.
Lie - bes - glück.
1.
2.
da capo
dim.
10
15
20

9

Allegro
1. Weit und breit schaut Nie-mand mich an, und wenn sie mich
2. Kein Stern blickt in fin - ste - rer Nacht; kei - ne Blum mir
f ben marcato
has - sen, was liegt mir dran? Weit und breit schaut Nie-mand mich
strahlt in duf-ti-ger Pracht. Kein Stern blickt in fin - ste - rer
6

an, und wenn sie mich has - sen, was liegt mir dran? Nur mein
Nacht; kei - ne Blum mir strahlt in duf - ti - ger Pracht. Dei - ne,
Nur
Dei
an, und wenn sie mich has - sen, was liegt mir dran? Nur
Nacht; kei - ne Blum mir strahlt in duf - ti - ger Pracht. Dei - - -
12
Più presto
Schatz, mein Schatz, nur mein Schatz der soll mich lie - ben, soll mich lie - ben
dei - ne Au - - gen, dei - ne Au - gen sind mir Blu - men, sind mir Blu - men,
mein Schatz,
ne Au - - gen,
mein Schatz, nur mein Schatz der soll mich lie - ben, soll mich lie - ben
ne Au - - gen, dei - ne Au - gen sind mir Blu - men, sind mir Blu - men,
p legg.
Più presto
pp legg.
18
al - le - zeit, soll mich küs - sen, um - ar - men und her - zen in E - wig - keit.
Ster - nen - schein, die mir leuchten so freundlich, die blü - hen nur mir al - lein.
al - le - zeit, soll mich küs - sen, um - ar - men und her - zen in E - wig - keit.
Ster - nen - schein, die mir leuchten so freundlich, die blü - hen nur mir al - lein.
24

f
p legg.
Nur mein Schatz, nur mein Schatz der
Dei - ne Au - gen, dei - ne Au - gen
Nur mein Schatz, nur mein
Dei - ne Au - gen, sind mir
nur mein Schatz der
dei - ne Au - gen
fp
dim.
legg.
pp
31
soll mich lie - ben, soll mich lie - ben al - le - zeit, soll mich küs - sen, um - ar - men und
sind mir Blu - men, sind mir Blu - men, Ster - nen - schein, die mir leuchten so freundlich, die
Schatz, der soll mich lie - ben, soll mich küs - sen, um - ar - men und
Blu - men, Ster - nen - schein, die mir leuchten so freundlich, die
soll mich lie - ben, soll mich lie - ben al - le - zeit,
sind mir Blu - men, sind mir Blu - men, Ster - nen - schein,
36
her - zen in E - wig - keit.
blü - hen nur mir al - lein.
da capo
42
1.
2.

10
Andantino
f espress.
1. Mond verhüllt sein Angesicht, süßes Lieb, ich zürne dir nicht.
2. Heiß für dich mein Herz entbrennt, keine Zunge dirs bekennt.
f espress.
Andantino
f
f espress.
1. Mond verhüllt sein Angesicht, süßes Lieb, ich zürne dir
2. Heiß für dich mein Herz entbrennt, keine Zunge dirs be-
f espress.
f

f espress.
Mond ver - hüllt sein An - ge - sicht,
Heiß für dich mein Herz ent - brennt,
f espress.
nicht.
kennt.
13
f
f
süßes Lieb, ich zür - ne dir
kei - ne Zun - ge dirs be -
f espress.
Mond ver - hüllt sein An - ge - sicht,
Heiß für dich mein Herz ent - brennt,
sü - ßes
kei - ne
f espress.
18
nicht.
kennt.
p
Wollt ich zür - nend dich be -
Bald in Lie - bes - rausch un -
p
Wollt ich zür - nend dich be -
Bald in Lie - bes - rausch un -
Lieb, ich zür - ne dir nicht.
Zun - ge dirs be - kennt.
p
Wollt
Bald
p
p
23
p

dim.
trü - ben, sprich, wie könnt ich dich dann lie - ben,
sin - nig, bald wie Täub - - chen sanft und in - nig,
trü - ben, sprich, wie könnt ich dich dann lie - ben,
sin - nig, bald wie Täub-chen sanft und in - nig,
ich zür - - nend dich be - trü - ben, sprich, wie könnt
in Lie - - bes - rausch un - sin - nig, bald wie Täub -
ich zür - nend dich be - - trü - ben, sprich, wie könnt
in Lie - bes - rausch un - - sin - nig, bald wie Täub -
27
p
pp
da capo
ich dich dann lie - - ben, dann lie - - ben?
wie Täub-chen sanft und in - - nig.
ich dich dann lie - - ben, dann lie - - ben?
wie Täub-chen sanft und in - - nig.
ich dich dann lie - - ben, dich dann lie - - ben?
chen sanft und in - - nig, sanft und in - - nig.
ich dich dann lie - - ben?
chen sanft und in - - nig.
32

11
Allegro passionato
Tenor
Ro - - te A - bend - wol - - ken ziehn am
Fir - ma - ment, —
sehn - - suchts - voll nach
6
dir, mein Lieb, das Her - ze brennt;
12
Ro - te A - bend - wol - ken ziehn am Fir - ma - ment, —
Ro - - - - te Wol - ken ziehn am Fir - ma - ment, —
Ro - te A - bend - wol - ken ziehn am Fir - ma - ment, —
18

sehn - suchts-voll nach dir, mein Lieb, das Her - ze brennt:
sehn - - - suchts-voll, mein Lieb, das Her - ze brennt:
sehn - suchts - voll nach dir, mein Lieb, das Her - ze brennt:
25
Tenor
Him - mel strahlt in glühn - der Pracht und ich träum bei
33
Tag und Nacht nur al - lein
cresc.
40
von dem sü - ßen Lieb - chen mein.
47

END OF EDITION